frei Geist

Buchbeschreibung:

In diesem Buch beschreibt die Koblenzer Autorin Anja Allmanritter, wie es ihr nach der Diagnose ihrer Erkrankung ergangen ist und wie sie seitdem versucht mit dieser umzugehen. Dabei zeigt dieses Buch die Vielfalt an Gefühlen, die Höhen und Tiefen, die mit einer chronischen Erkrankung einhergehen, aber auch, dass es auch mit Krankheiten und Schicksalsschlägen gelingen kann, ein weitestgehend glückliches und erfülltes Leben zu führen. Ehrlich und einfühlsam findet sie hierfür die richtigen Worte und verleiht auch anderen Betroffenen damit Hoffnung, Mut und Zuversicht, ihr Schicksal anzunehmen und trotz allem nicht aufzuhören zu leben.

Über die Autorin

Die Koblenzerin arbeitete bis vor einigen Jahren als Juristin, bis Parkinson ihr eine weitere aktive Teilnahme am Berufsleben unmöglich machte. In dieser besonderen Situation entdeckte die verheiratete Mutter zweier Kinder eine alte Leidenschaft neu für sich: das Schreiben. Was zunächst dazu gedacht war, den Kindern etwas von ihr zu hinterlassen, wurde mehr und mehr zu einem Instrument, zeitweise besser mit der eigenen Erkrankung umgehen und sich dort besser erklären zu können, wo passende Worte im Gespräch fehlten.

(Foto: Arthur Link für Lohmann LTS, Andernach)

Auf ihrer Website www.gezittert-gereimt.de veröffentlicht sie heute ihre deutschen und englischen Gedichte und Prosa-Texte, mit denen sie anderen Kranken Mut machen und sie ermuntern möchte, niemals aufzugeben. „Ich möchte Parkinson ein Gesicht geben, dabei zeigen, wie wichtig es ist weiterzumachen, auf andere zuzugehen, sich nicht zu verstecken und keine Berührungsängste zu haben, weil ich glaube, dass ein offener, ehrlicher Umgang miteinander tagtäglich zu einer bereichernden Erfahrung für jeden von uns werden kann."

Vorwort

gezittert & gereimt

Handmade Parkinson Poetry

Lebenszeit(en)
Lyrik zwischen Angst und Zuversicht

von Anja Allmanritter

ISBN 978-3-910345-05-8
1. Auflage, 2023

Dieser Titel ist auch als E-Book erhältlich:
ISBN 978-3-910345-06-5

Texte von Anja Allmanritter, Koblenz, Deutschland.

Weitere Gedichte und Texte mit Fotos auf www.gezittert-gereimt.de

Lektorat/Korrektorat: Adelina Necknig
Fotos: Anja Allmanritter mit Dank an Bernd. H., Denise N., Klaus G. u. a.
Druck: Business copy, Kaltenengers
Printed in Germany

Die Deutsche Nationalbibliothek verzeichnet die Publikation in der Deutschen Nationalbibliografie

Über den Verlag
Bei freigeistPR erscheinen Bücher, die Herzensprojekte sind. Bücher, die Themen ansprechen, die Menschen bewegen und die einer Öffentlichkeit bekannt gemacht werden möchten, weil sie wichtig sind. Mehr Bücher auch auf www.freigeistpr.de

Für den S., den S. und den S.
In Liebe Z.

INHALTSVERZEICHNIS

LebensZeit(en)

LebensPläne
Ambitioniert durchdacht
Hoffnungen Sehnsüchte Wunschträume
vom Leben Schicksal eingeholt
LebensWirklichkeit

LebensWirklichkeit
Hochs Tiefs
Wechselspiel der Beiden
Leben zwischen Angst Zuversicht
ZeitenWenden

ZeitenWenden
Hürden Herausforderungen
ungefragt unvorhersehbar unaufhaltsam
akzeptieren annehmen angehen aufarbeiten
LebensZeit(en)

Vorwort

LebensZeit(en) oder das ewige Spiel des Lebens, das aus unzähligen guten und schlechten Tagen, Erfahrungen und Erlebnissen besteht und das dazu neigt, unvorhersehbare Wendungen mit sich zu bringen. Wendungen, die uns bis an den Rand der Erschöpfung treiben, bei uns tiefste Trauer und Hoffnungslosigkeit auslösen oder uns in ekstatischen Freudentaumel versetzen können. Dabei bewegen wir uns tagtäglich irgendwo zwischen Normalität und Wahnsinn, Alltagstrott und Extremsituationen. Glücksmomente wechseln sich mit Niederlagen ab. Für Schönes und Hässliches sieht das Schicksal während unserer LebensZeit immer wieder gleichermaßen LebensZeiten vor. Egal, ob uns das gefällt oder nicht. Der Umgang mit diesen Kapriolen des Lebens, die – mehr oder weniger – jeder von uns kennt, ist gleichermaßen schwierig, wie individuell verschieden und findet emotional meist im Spannungsfeld zwischen unserer eigenen, größten Angst und unserer tief verwurzelten Zuversicht statt. Mit ungewissem Ausgang – abhängig davon, ob es uns gelingt, im Einzelfall dem Gefängnis unserer Ängste und der daraus resultierenden Hoffnungslosigkeit zu entkommen und der eigenen Stärke, vielleicht auch göttlicher Hilfe und der Kraft der Liebe und Freundschaft, zu vertrauen oder auch nicht. Unabhängig vom tatsächlichen weiteren Verlauf der Dinge. Am Ende des Tages liegt es darum regelmäßig alleine bei uns selbst, wie wir unser Leben bewerten, den guten oder den schlechten Zeiten das größere Gewicht beimessen und unser Leben selbst als glücklich oder unglücklich einstufen. Das ist meine feste Überzeugung, die sich auch im Titel dieses Buches widerspiegelt. „LebensZeit(en) – Lyrik zwischen Angst und Zuversicht." Geschrieben unter dem Eindruck meiner sich stetig verschlechternden gesundheitlichen Situation als junge Parkinson-Betroffene, mit den Augen einer liebenden Ehefrau und Mutter, Freundin und Vertrauten und völlig anders ausgestaltet als es meine frühere Tätigkeit als Juristin vielleicht vermuten lässt. Und verbunden mit der Hoffnung, die / den eine/n oder andere/n Leser/in zu erreichen, zu berühren, zu inspirieren oder auch einfach nur ein wenig gut zu unterhalten.

Herzlichst Ihre Anja Allmanritter
(Ehe-)Frau, Mutter, Freundin, Juristin, RDir'in a. D., Neu-Autorin, Parkinsonpatientin
und noch so vieles mehr

L eben -
E eine
B esondere
E rfahrung aus
N icht
S teuerbaren
Z eitabschnitten eines
E inzelnen
I ndividuums, immer
T ödlich,
E motional bewegend und
N icht vorhersehbar.

Oder mit anderen Worten

LebensZeit begrenzt
Unwägbarkeiten prägen
Herausforderung

~ Gefangen ~

Manchmal fühlt sich Krankheit wie ein Gefängnis an,
aus dem man niemals wieder entkommen kann.

Das Grauen

Uniklinik, ein grauer, langer Flur liegt hinter mir.
Das Grauen verbirgt sich hinter einer anonymen Arzt-Zimmer-Tür.
Der Doktor selbst kann eigentlich gar nichts dafür.
Uniklinik, ein grauer, langer Flur liegt hinter mir.
Ist es normal, dass ich gerade überhaupt nichts mehr spür‘?
Was passiert hier gerade mit meinem Leben und mir?
Uniklinik, ein grauer, langer Flur liegt hinter mir.
Das Grauen verbirgt sich hinter einer anonymen Arzt-Zimmer-Tür.

Gefangen

GEFANGEN – verloren – der ZUKUNFT beraubt,
die man als so planbar und sicher geglaubt.
GEFANGEN – im HEUTE – im HIER und im JETZT,
von Todessehnsucht getrieben und gehetzt.
GEFANGEN – im GESTERN – als wär' es noch da,
weil GESTERN noch gut und berechenbar war.
GEFANGEN – im MORGEN – dass es wohl NIE gibt,
wenn man sich nur noch hasst und selbst nicht mehr liebt.
GEFANGEN – in GEDANKEN – im eig'nen GEIST,
weil alles um Krankheit und Endlichkeit kreist.
GEFANGEN – VERGESSEN – VERLASSEN – ALLEIN,
hätt' man die Wahl, würd' gern' ein and'rer man sein.
GEFANGEN – in ANGST – DEPRESSION – LETHARGIE,
denn ein Happy End gibt's in Wirklichkeit nie.
GEFANGEN – verloren – der HOFFNUNG beraubt,
außer ein WUNDER geschieht, was KEINER glaubt.

Im Gefängnis

Dunkelheit umgibt mich, ich kann keinen Lichtschimmer sehen
und ich beschließe, der Einsamkeit durch die Umarmung der Nacht zu entfliehen.
Weglaufen will ich, kann keinen Moment länger in dieser Finsternis bleiben.
Das Leben lässt mich, wie einen Gefangenen,
eingepfercht in einer schrecklichen Black Box, Höllenqualen erleiden.
Barfuß muss ich fliehen, ohne Socken und Schuhe,
während ich mich wieder und wieder frage, was ich da eigentlich tue.
Währenddessen quälen Steine und Splitter meine Füße,
hinterlassen dort ihre Spuren und Narben.
Ich ignoriere die Verletzungen und dass meine Fußsohlen zu bluten begonnen haben.
Ich höre nicht mehr zu gehen, zu rennen auf,
beinahe so, als ob ich diesen Weg entlang um mein Leben lauf'.
Mein Schloss der Illusionen, der falschen Hoffnung
und des Selbstbetrugs ist das Ziel.
Denn, was auch immer bisher der Realität einfiel,
um mich leiden zu lassen, zu malträtieren,
hier konnte ich mich noch immer erholen, regenerieren.
Meine Trutzburg im Kopf ist der einzige Ort,
an dem ich gegen die Dunkelheit ankämpfen kann, statt zu kapitulieren.
Hier bin ich Ich, ohne den Wunsch, alles beenden, aufgeben zu wollen, zu verspüren.

Es gibt nichts, niemanden, den ich mit mehr, mit tieferer Wut und Verachtung bedenke,
als meinen Körper, den verfluchten, dem ich schenke
Zuneigung oder Liebe im Geringsten nicht.
Er. Der aus meiner Sicht
mein Gefängnis, mein persönliches Gefängnis bis in alle Ewigkeit ist.
Er. Bei dem jeder Versuch, ihn zu beherrschen, scheitert und der auffrisst
jede Hoffnung, dass es noch einmal anders werden kann.
Ich bin ein Insasse ohne faires Verfahren, den, von Anfang an,
das Schicksal, als sein Richter, verspottet hat mit breitem Lachen.
Und da ich mich zu keiner Zeit wehren konnte, nie etwas konnte dagegen machen,
fühle ich mich oft – wie heute – gefangen, verloren, allein.
Eben wie einer, dessen Schicksal ewige Verdammnis wird sein.
Trotzdem laufe ich auch heute wieder so schnell ich kann,
obwohl ich weiß, ich komme niemals anderswo an.
Die Triebfeder dafür ist meine große, existentielle Not,
denn Resignation und Hoffnungslosigkeit sind mein größtes Verbot.
Würde ich mich ihnen irgendwann auch nur kurzzeitig ergeben,
könnte ich vermutlich nicht so weitermachen, nicht länger so leben.
Und so fechte ich ihn weiter aus, diesen nicht gewinnbaren Krieg,
feiere jede kleinste, gewonnene Schlacht wie einen großen Sieg,
weil der Tag, an dem ich das nicht mehr kann,
mein letzter sein wird, mein Untergang.

~ Dämonen ~

Niemand vermag uns mehr zu ängstigen als die Dämonen,
die tief verborgen in uns selber wohnen.

Bild :Statue des Anonymus, Budapest

Schatten der Nacht

Ich sitze einsam in dieser kalten, beängstigenden Nacht,
während draußen längst die Sonne am Himmel wacht.
Wegen des gleißenden Sonnenlichts kann kein anderer sehen,
welch dunkle Schatten mich umgeben, um mich herumstehen:
Dämonen, genährt von Trauer, Wut und nackter Angst,
die du alleine, ohne Geisterjäger, scheinbar nie wieder loswerden kannst.
Diese Monster der Finsternis schreien laut, von überall her,
meinen Namen und das lähmt mich, ängstig mich immer mehr.
Draußen hat die Sonne fast ihren Höchststand erreicht,
während mein innerer Albtraum einem Kampf
auf Leben und Tod inzwischen gleicht.
Bevor mich die Dunkelheit überwältigt und lässt mich mit untergehen,
kann ich plötzlich ein kleines, funkelndes Licht von wo auch immer sehen:
Das Feuer der Liebe, die Kraft der Hoffnung leuchten in mir, erst noch winzig klein
und ich wünsche mir, ihr Schein würde noch größer,
noch gleißender, noch greller sein.
Nach einer Weile kann die Flamme dann tatsächlich nichts länger dämpfen
und sie versichert mir, dass ich stark genug bin, um weiterzukämpfen.
Sie vereint sich mit meinem eigenen Wunsch, aufzubegehren, um zu überleben.
Mit ihrer Wärme versucht sie, mir den Glauben ans Leben
- Stück für Stück - wiederzugeben.
Geführt durch sie, geleitet vom Schwert der Liebe besiege ich die Monster
auch in dieser Nacht ganz allein
und schalte mein rettendes, wärmendes, eigenes, inneres Sonnenlicht
wieder vollständig ein.
Für heute war ich die Stärke, habe meine Dämonen,
meine Schatten erfolgreich besiegt,
doch ich weiß, dass noch mehr als eine weitere nächtliche Schlacht
mit ihnen vor mir liegt.

Ein Licht

Die Schwärze der Nacht hält mich gefangen,
ich schwanke zwischen Furcht, Hoffen und Bangen.
Plötzlich erscheint im Dunkeln ein Licht,
aber wo es herkommt, dass erkenne ich nicht.
Ruhig und besonnen geh‘ ich ihm entgegen,
auch wenn die Straße ist eher ungünstig gelegen,
die ich dazu entlang muss marschieren
und ich drohe, die Orientierung zu verlieren.
Doch ehe das Grauen im Dickicht der Nacht
erscheint und mich verhöhnt und verlacht,
komme ich an der Lichtquelle an
und bin erstaunt, was ich erkennen kann.
Dieses Licht ist kein etwas, ist nicht neu, nicht extern,
ist nicht greifbar, ist weder nah, noch fern.
Das Licht, das mir Trost und Hoffnung schafft,
bin ich ganz allein mit all meiner Kraft.
Indem ich mir selber bin entgegengekommen,
konnte ich der anhaltenden Finsternis entkommen.
Ich erhelle jede einzelne kleine Straßen-Ecke.
Dabei ich unendlich viel Liebe und Freude entdecke,
die in mir wohnen, mich niemals verlassen.
Dank ihnen gelingt es mir, nicht weiter zu hassen,
sondern mein Schicksal anzunehmen,
mit allem Hässlichen, allem Schönen.
Redlich kämpft mein Herz gegen das Dunkel der Nacht,
das, gespeist vom Feuer der Leidenschaft, wird zum Strahlen gebracht,
In meinen Händen liegen die Schwerter von Liebe und Wut,
in meiner Seele befeuern Briketts aus Stärke und Mut
lichterloh brennende Scheiterhaufen gegen Angst und Untergang.
Und ich kämpfe, bis die Nacht um mich weicht, irgendwann.

Dämonen

Jeder von uns hat seine eigenen Dämonen, die in seinem Inneren verborgen leben.
Jeder von uns versucht, diese zu kontrollieren, zu verstecken,
ihnen keinen Raum zu geben.
Jeder von uns würde am liebsten die dunklen Seiten seiner Seele
sogar vor sich selbst vertuschen,
aber spätestens, wenn die Turmuhr jede Mitternacht um zwölf Uhr schlägt
und die Monster huschen
zur Geisterstunde unkontrolliert durch die Nacht,
wird uns die Wahrheit über unsere Seelen-Abgründe sichtbar vor Augen gebracht.
Denn spätestens jetzt müssen wir unseren Geistern in die Augen sehen,
weil es unmöglich ist, irgendwie weiter vor ihnen zu fliehen.
In diesem Augenblick, wenn wir ihnen hilflos gegenüberstehen,
zwingen uns diese Ungeheuer, in die tiefsten Abgründe unserer Seele zu sehen.
Sie kosten unsere Machtlosigkeit aus in vollen Zügen
und rauben uns dabei jede Chance, uns selbst weiter zu belügen und zu betrügen.
Vor Angst wie gelähmt stehen wir dann in Sekunden,
die von uns wie bleischwere Stunden werden empfunden,
auf der Schlachtbank oder wie vor dem jüngsten Gericht,
vor denen es tatsächlich ein Entkommen gibt nicht.
Damit die Seelen-Fresser uns trotzdem nicht zu fassen kriegen,
bleibt uns dann nur noch eine Chance, diese mentalen Bestien zu besiegen:
Wir müssen uns selbst zwingen daran zu denken,
dass die Monster nur Macht über uns haben, wenn wir ihnen schenken
Zeit, Gehör und Aufmerksamkeit.
Nur dann öffnen wir ihnen die Türen zu unseren Herzen
und Seelen „sperrangel"-weit.
Weil wir ihnen damit selbst erlauben, diese und unseren Verstand
zu foltern und zu quälen,
können wir ab diesem Moment auch nicht mehr auf fremde Hilfe
von wo auch immer zählen.

Also müssen wir uns selbst dazu zwingen,
die Monster in unseren Herzen und Seelen zum Schweigen zu bringen,
ihnen den Zugang zu unserer inneren Mitte verwehren
und unsere vermeintliche Unterlegenheit irgendwie ins Gegenteil verkehren.
Dafür müssen wir unsere Stärken und Schwächen akzeptieren,
uns auf unsere guten, anstatt auf unsere dunklen Seiten konzentrieren.
Wir müssen lernen, dass es ok ist, auch mal anzuecken
und dass es nichts gibt, das man verstecken
muss im Leben, vor anderen oder gar vor sich selbst, dauerhaft.
Gelingt uns das, dann haben wir auch die Kraft,
unseren Dämonen ihre Larven und Masken von ihren Gesichtern zu reißen,
ohne die diese uns nicht länger erschrecken können, malträtieren,
bedrohen oder beißen.
Wenn wir ihnen damit die Grundlage ihrer Macht über uns auf Dauer entziehen,
nur dann werden unsere inneren Monster irgendwann schweigen und
wir können ihnen wirklich entfliehen.

Grausames Leben

Das Leben kann so grausam sein, so unfair, so gemein
und ich habe keine Chance, mir dagegen selbst eine Hilfe zu sein.
Dabei kann ich längst dem Teufel in die Augen sehen
und die Katastrophen erkennen, die mir bevorstehen.
Ich sollte in der Lage sein, dagegen zu kämpfen, mich zu wehren,
ohne dass meine Fragen nach dem „Wieso“ und „Warum“ nähren
meine Ängste, die eisige Kälte in mir,
mit denen ich den letzten Rest an Beweglichkeit auch noch verlier‘.
Aber meine eigene Verletzlichkeit verhindert, dass mir dies gelingt,
wodurch jeder Versuch, dies zu tun, von vorneherein nichts bringt.
Mein Wille kann unbeugsam sein, aber er ist nicht stark genug,
den ganzen Kampf durchzustehen,
um den gnadenlosen Kurs des Schicksals zu durchbrechen
und seiner tödlichen Kraft
dauerhaft zu entgehen.
So wandeln sich irgendwann mein Herz und meine Seele
zu einem endlos-verlorenen Ganzen,
ohne Boden, ohne Licht, an dessen Firmament nirgendwo noch Sterne der Hoffnung
leuchtend hell tanzen.
Es scheint, als fiele ich von oben herunter in diese Hölle hinab,
in der keine helfende Hand, die stark genug ist, rettend nach mir „schnapp‘“,
um mich doch noch vor der Verdammnis zu bewahren.
Zu meinem Glück aber kann ich Stimmen hören,

die tief verborgen in mir selber vergraben waren.
Sie kommen aus der Tiefe meines Herzens rettend herbei,
als ob es das Selbstverständlichste, Natürlichste überhaupt sei.
Diese Stimmen, sie sind ein so mächtiger Teil von mir,
der nicht zulassen wird, dass ich kampflos untergehe, verlier‘.

Es sind mein Überlebenswillen und die stärkste Kraft im Leben,
die mir zur Seite stehen:
Gottes Liebe, die mich umgibt, auch wenn ich sie nicht kann sehen.
Ich fühle, Gottes Liebe trägt mich, egal, was ich tue oder lasse.
Egal, ob ich noch jung oder schon alt bin, mein Leben liebe oder hasse.
Egal, ob ich die Rechnungen meines Lebens begleiche
oder meine Seele dem Teufel anbiete, darreiche.

Egal, was passiert, Gott ist an meiner Seite, nimmt mich an, so wie ich bin.
Damit macht jeder sinnlos scheinende Lebenskampf für mich wieder Sinn.
Er ist das Licht im Leben, das keinen Anfang, kein Ende kennt
und das in mir bis in alle Ewigkeit weiterbrennt.
Deshalb kann mein Schicksal am Ende niemals unfair oder ungerecht sein,
denn Gott lässt mich niemals mit diesem allein.

Selbstverständlichkeiten

Alles in unserem Leben scheint – so bilden wir uns ein –
ganz selbstverständlich, ganz normal zu sein:
Lieben zu können, zu hören, zu riechen, zu sehen,
zu tasten, zu schmecken, zu gehen.
Alles in unserem Leben scheint einfach so üblich und richtig zu sein
und niemand denkt darüber nach, dass er täuschen könnte, dieser Schein.
Warum auch nicht, solange alles immer richtig und gut bei uns läuft,
solange sich neben Wohlstand und Erfolg auch Ansehen und Macht
problemlos anhäuft.
Solange uns keine Schicksalsschläge passieren,
solange können wir ganz leicht all die mahnenden Stimmen
um uns herum ignorieren,
die uns zeigen wollen, dass nichts jemals selbstverständlich sein kann.
Unsere Blindheit und Ignoranz vor dieser Wahrheit ändern sich tatsächlich erst dann,
wenn der Lauf der Dinge uns dazu zwingt,
weil das Leben für jeden von uns irgendwann böse Überraschungen mit sich bringt.
Spätestens dann, wenn unser selbstverständlicher Alltag wird von außen bedroht,
sei es durch Misserfolge, Krankheit, Krieg oder Tod,
spätestens dann müssen wir schmerzlich erkennen,
wie lange wir schon vor der Realität davonrennen.
Dass Gott die Details unserer Leben bestimmt
und dass sein Universum vom Schicksal eines kleinen Menschleins,
wie uns, keinerlei Notiz am Ende nimmt.
Diese schmerzliche Erkenntnis macht unser Leben schlagartig weniger einfach,
aber auch wertvoller als es das zuvor war
und uns wird der wahre Wert so vieler, als selbstverständlich
erachteter Dinge mit einem Mal klar.
Wie schade ist es, dass wir das alles nicht schon viel früher realisieren können
und auch ohne Katastrophen unser Leben erfüllt und wunderbar nennen.
Wie schön wäre es, würden wir sehen von Anfang an,
mit wie wenig man im Leben wirklich glücklich und zufrieden sein kann.

Krankheit

Krankheit
Fluch Segen
Chance auf Neubeginn
Wenn ich stark bin
Vielleicht

Vielleicht
Oder nicht
Wer kann's sagen
Einfach einen Neuanfang wagen
Versuchen

Versuchen
Ohne Scheu
Immer wieder neu
Fallen aufstehen weiter gehen
Kämpfen

Kämpfen
Jeden Tag
Verlieren und siegen
Niemals lassen sich unterkriegen
Wichtig

Wichtig
Bei allem
Nimmt viele Schrecken
Im Leben im Tod
Krankheit

Warum (nicht) du und ich?

Warum ich? Was habe ich getan oder gemacht?
Ich bin jung und möchte einfach nur Spaß haben, Tag und Nacht.
Ich habe ein Recht auf Gesundheit, Schönheit und Wohlstand, klar?
In meinem Leben ist gar keine Zeit, kein Raum dafür da,
um behindert, eingeschränkt oder schwer krank zu sein –
das siehst du Schicksal doch hoffentlich ein!
Außerdem habe ich so viele Aufgaben im Leben zu erfüllen, so viel zu tun.
Doch wer sagt, zu erwarten, dass das Schicksal auf Dauer
nur andere trifft, das sei opportun?
Haben nicht alle anderen das gleiche Recht auf Gesundheit und Spaß,
genauso wie ich?!
Ist es nicht seltsam, dass jeder denkt, dass es im Leben nur um ihn geht,
so wie ich denke, es geht nur um mich?
Was lässt uns alle daran glauben, ganz allein, jeder für sich selbst,
ein Synonym zu sein
für ein perfektes Leben ohne Niederlagen oder Schwierigkeiten?
Sollten Schicksalsschläge nicht eigentlich überhaupt keinen Menschen begleiten?
Darum lautet vielleicht die eigentlich richtige Frage für dich und für mich:

WARUM JEMAND ANDERES – WARUM NICHT DU UND ICH?

Nicht heute

Heute bin ich nicht bereit, einfach aufzugeben.
Ich spüre in mir den dringenden Wunsch, weiterzuleben.
Aus und vorbei? – Von wegen!
All meine Gedanken, Gefühle noch längst nicht gen Himmel streben.
Ich bin nicht bereit, einfach kampflos aufzugeben.

Sorgen, Sorgen, Sorgen

Sorgen
Riesengroß übermächtig
Verdrängen Loslassen unmöglich
Kommt Zeit, kommt Rat
VonWegen

VonWegen
Einfach weiterleben
Wie geht das?
Habe ich eine Zukunft?
Welche?

Welche?
Wie lange?
Das weiß niemand
Sorgen hin oder her
Ungewissheit

Ungewissheit
Zweifel Fragen
Kennt jeder Mensch
Sind dem Leben immanent
Immer

Immer
Bei allem
Unsicherheit Ängste erlaubt
Trotzdem Zukunft Chance geben
Immer

Glauben

Ich glaube, ich glaube eigentlich an gar nichts mehr,
dafür zweifele ich an allem und jedem mittlerweile viel zu sehr.
Als Kind, da glaubte ich an mannigfaltige Dinge,
dachte, dass das Christkind wirklich die Geschenke bringe.
Dann wurde ich groß und plötzlich, über Nacht,
hat in Wirklichkeit der Amazon-Bote die Päckchen alle gebracht.
Ich glaubte auch an das Gute im Menschen, ganz naiv,
bis das erste Mal eine Kröte mir vor das Auto lief,
die ich umfuhr und anhielt, um sie über die Straße zu bringen,
was mir sollte nur deswegen leider misslingen,
weil ein älterer Fahrer, der nach mir fuhr,
ganz bewusst gewechselt hat die Straßenspur,
um dann absichtlich die Kröte zu überfahren.
Das nur einige der Erfahrungen waren,
die mir an allem zu zweifeln haben beigebracht.
Ich glaube, dass nicht mehr zu glauben mich darum bis heute so traurig macht.

Sorgen

Findest du nicht, du solltest dir über gar keine Sachen
dauerhaft Sorgen oder Gedanken machen,
sondern einfach das Leben in vollen Zügen genießen,
so wie Blumen auf der Wiese nicht grübeln oder denken,
sondern ganz einfach wachsen und sprießen.
Und wenn dich trotzdem etwas gedanklich beschäftigt auf dieser Welt,
solltest du dann nicht darauf achten,
dass dich das nicht allzu lange vom einfachen (Weiter)Leben abhält,
weil nichts auf Erden kostbarer als deine Lebenszeit ist
und dass du, neben allen anderen Dingen, einfach zu leben deshalb nicht vergisst.

~ Aufbruch ~

Aufbruch

Aufstehen und weitergehen
Unbeugsam und stark
Festen Schrittes und erhobenen Hauptes
Bewusst und gewollt
Richtungweisend und veränderungsbereit
Unaufhaltsam und kämpferisch
Couragiert und kompromisslos
Hoffnungsvoll und zuversichtlich

und stets das Ziel vor Augen habend:

Weiterleben

Aufbruch

Aufbruch
Ins Ungewisse
Ins Heute Morgen
Ohne Erwartungen Wünsche Sorgen
Idealvorstellung

Aufbruch
Zielgerichtet geplant
Organisiert selten spontan
Voller Wünsche Sehnsüchte Träume
Realität

Aufbruch
Wann wohin
Räumlich zeitlich personell
Unbekanntes verunsichert macht Angst
Leben

Aufbrechen

Heute – morgen – von hier oder dort.
Ich breche auf an einen neuen, unbekannten Ort.
Was will ich tun, wo will ich hin?
Welcher Weg macht für mich gerade den meisten Sinn?
Welchen Zauber bringt er wohl mit, der Neubeginn?
Heute – morgen – von hier oder dort.
Ich breche auf an einen neuen, unbekannten Ort.

Aufbruch zu

Aufbruch heißt, raus aus der eigenen Komfort-Zone zu müssen.
Manchmal heißt das vielleicht, tausende Frösche erfolglos zu küssen.
Manchmal heißt das, Geliebtes für immer aufzugeben.
Aufbruch heißt, raus aus der eigenen Komfort-Zone zu müssen.
Manchmal heißt es auch, einfach nur wie bisher weiterzuleben.
Manchmal heißt es, sich selbst und anderen zu verzeihen, zu vergeben.
Aufbruch heißt, raus aus der eigenen Komfort-Zone zu müssen.
Manchmal heißt das vielleicht, tausende Frösche erfolglos zu küssen.

Weiterleben

Weiterleben
Ohne aufzugeben
Hinfallen kämpfen erheben
Bei Unwetter Sturm Dauerregen
GeradeErstRechtDeswegen

GeradeErstRechtDeswegen
Pläne hegen
Alternativen suchen überlegen
Neuanfang eine Chance geben
MehrAlsNurNochÜberleben

MehrAlsNurNochÜberleben
Bei Umwegen
Fokus neu legen
Neue Projekte Ziele anstreben
BestmöglichWeiterlebenEben

Leben

Leben
Jeden Tag
Trotz aller Hindernisse
Im Einklang mit mir
Herausforderung

Leben eben

Wenn Forderungen fordern,
um das Beste zu fördern,
dabei aber über-fordern …

Wenn Worte ausgesprochen,
gut gemeint sind,
dabei aber unsichtbar verletzen …

Wenn Menschen es gut meinen,
ihr Bestes geben,
dabei aber Fehler machen …

… dann ist es menschlich und ein normales Leben, mit Erfahrungen,
die uns prägen und zu dem werden lassen, der wir sind …

Wenn ich nachts nicht schlafen kann

Wenn ich nachts nicht schlafen kann, dann fange ich mit Sachen an,
die ich tagsüber niemals versuchen würde,
aus Angst vorm Scheitern an manch sichtbarer Hürde.
Doch wenn des nachts diese Hürde unsichtbar wird in der Dunkelheit,
dann bin ich zu vielen Versuchen eher bereit.
Dann kann ich diese auch leichter wagen,
weil keiner wach ist, um zu sagen,
ich könne es nicht, sei untalentiert
und so keiner einen Kommentar verliert,
über Fehler, die ich mache.
Dabei ist jede solche Sache,
für sich genommen, ganz banal,
nur kommentiert scheint es fatal,
wenn man sie von Anfang an
nicht perfekt vollbringen kann.

Darum übe ich des Nachts sodann,
wenn ich gar nicht schlafen kann,
alles, was mir einfällt, frei,
weil kein Dritter mit dabei.
Und wenn ich irgendwann einmal in Jahr'n aus meinem selt'nen Schlaf erwache,
ich vieles plötzlich richtig gut und richtig richtig mache,
dann fällt mancher vielleicht vor mir auf die Knie,
dem verkannten Universalgenie.
Und die Antwort auf dessen Frage, wie ich das nur geschafft habe,
die nehme ich dann sicher mit in mein Grabe.

Ich denke

Ich denke …
praktisch den ganzen Tag über Millionen Dinge permanent nach.
Ich denke nach
über Gott und die Welt,
über das Leben und den Tod,
über heute und morgen,
über richtig und falsch,
über Vergangenes und Kommendes,
über mich und andere,
über alles und nichts und wenn ich das tue, tue ich es still und nur für mich.
Doch wenn ich am PC sitze und schreibe, dann denke ich gar nicht nach,
dann liegen meine Gehirnwindungen – warum auch immer - brach,
dann übernimmt das Unterbewusstsein die Oberhand
und es ist für mich jedes Mal selbst spannend, wenn ich lese, was dadurch entstand.

Lebenserfahrung

Egal, was du vorhast, egal, welcher Plan –
der liebe Gott zieht dir gerne den einen oder den anderen Zahn!
Eines weiß ich darum heute ganz genau,
dass ich keine Wolkenkratzer für mich mehr im Geiste bau‘.
Ich nehme stattdessen jeden einzelnen Stein
und lasse das Schicksal den wahren Baumeister sein!

Ich bin ein Ritter

Ich bin ein Ritter – und ich zitter‘.
Dagegen kämpfe ich an – so gut ich nur kann.
Wo kommt der Scheiß her? – Egal, das Leben ist nicht fair.
Sie sagen, ich sterbe nicht daran – ich wünsche, ich wüsste, ob ich das glauben kann.
Es lässt sich nicht vermeiden – ich weiß, ich werde leiden.
Aber wie hart kann ich zu mir selber sein – kriegt mich die Krankheit trotzdem klein?
Bin ich wirklich so stark – jeden weiteren, neuen Tag?
Wieviel kann ich wirklich geben – und reicht das für mein restliches Leben?
Diese beschissene Krankheit – macht sich immer weiter breit.
Sie wird nie wieder verschwinden – lässt sich nicht überwinden.
Ich atme tief ein, lache sie danach kämpferisch an –
so als ob ich sie irgendwann doch noch besiegen kann.
Ein Lächeln soll meine Waffe sein – spitz, durchdringend und durchschlagend gemein.
Ich bin der Stärkere von uns Zwei – gebe gegenüber dir, Parkinson, niemals klein bei.
Ich kann dir schwören – keine fremden Ohren werden meine Tränen je hören.
Ich werde mein Wehklagen gegenüber keinem offenlegen –
egal, wie viele Ängste und Depressionen sich in mir regen.
Was immer das Schicksal sich für mich hat ausgedacht –
ich werde kämpfen, jeden Tag, jede Nacht.
Dieser Weg ist richtig, aber bitter – egal, denn ich bin ein Ritter.
Auch wenn ich fremde Hilfe sehe und verstehe –
letztlich ich alleine auf weiter Flur stehe.
Tröstlich ist trotzdem jede helfende Hand –
im undurchdringlichen Dickicht des Parkinson- Land‘.
Ich bin krank, aber trotzdem unendlich reich beschenkt –
weil man in Familie und bei Freunden stets an mich denkt.
Die meisten von ihnen sind immer für mich da –
so wie es schon immer zwischen uns war.

Neue Freunde sind noch hinzugekommen –
damit hat mir die Krankheit mehr geschenkt, als tatsächlich genommen.
Einige Freunde sind leider auch verloren gegangen –
konnten mit mir nichts mehr und mit Parkinson noch weniger anfangen.
Auch diese Verluste kann ich gut akzeptieren –
man kann nicht immer gewinnen, wird stets auch manchmal verlieren.
Parkinson in jeder meiner Fasern steckt –
egal, kein Mensch, kein Tier ist jemals perfekt.
Ich nehme dich, Parkinson, als Herausforderung an –
zumal ich an allem ohnehin nichts mehr ändern kann.
Doch vergiss nie, dreckiger Feind, ich bin ein Ritter –
und wenn ich hundertmal schwanke und zitter‘,
ich kämpfe gegen dich an – so gut und so lange, wie ich es nur kann.

Auf der kleinen Bank vor meiner Tür

Wenn ich alleine bin,
frage ich mich manchmal nach des Lebens wahrem Sinn.
Setze mich dann mit einem Blatt Papier
gedankenverloren auf die kleine Bank vor meiner Tür.
Lausche der Stille um mich herum oder dem Lärm,
höre die Vögelein dabei singen gern.
Verfolge den Zug der Wolken über mir.
Dabei kommt es vor, dass ich mich verlier‘
in ihren Wolkenformationen,
frage mich, ob obenauf die Engelein thronen.
Ob sie uns sehen und uns beschützen.
Ob gute Taten für das ewige Leben etwas nützen.
Ob es Gott wirklich gibt oder auch nicht.
Ob er vielleicht einen Bart trägt in seinem Gesicht.
Ich frage mich, woher wir kommen, wohin wir geh'n,
Ob wir uns irgendwann alle im Himmel werden wohl wiederseh'n.
Ob es sie wirklich gibt, Zeit und Raum
oder ob wir irgendwann erwachen aus einem Traum,
während wir durch die Unendlichkeit fliegen.
Ob wir auf die Fragen des Lebens jemals werden Antworten kriegen,
wo wir stehen tatsächlich heute und hier.
Diese und andere tiefgreifende Gedanken, die kommen mir,
wenn ich alleine bin und mich frage nach des Lebens wahrem Sinn,
gedankenverloren mit einem Blatt Papier,
auf der kleinen Bank vor meiner Tür.

PLÄNE

Fragst du dich auch ab und an,
ob man sein Leben planen kann?
Die Antwort darauf: Gott alleine hat alles in der Hand
und nur er weiß, wie er unsere Pläne wirklich fand.
Viele davon hielt er womöglich für lächerlich-
wundern würde mich das jedenfalls nicht.

Unnötiges

Ich denke manchmal, Unnötiges tut mir nicht gut,
weil Unnötiges nichts Gutes bringt oder tut.
Doch wenn ich dann sehe – ab und an –,
welche Auswirkungen Unnötiges auch haben kann,
dann denke ich anders und komm' zu dem Schluss,
dass manchmal auch Unnötiges gut ist und darum sein muss.
Die Frage, die dabei aber bleibt,
wann sich das „gute" Unnötige denn zeigt,
die oft erst beantwortet werden kann,
wenn man dessen Ergebnis sieht – irgendwann.

Das Gute daran

Was ich wirklich sagen will, das ist, dass trotz des ganzen Parkinson-Mist´
und der dadurch entstehenden Emotionen
noch tausend kreative Ideen in mir wohnen,
die ich an die Oberfläche befördern gern‘ würde.
Und das gelingt nur durch diese Bürde,
weil mir anders die Zeit dazu gar nicht bliebe.
Das ist das Gute daran, was ich trotz der Gesamt-Situation schätze und liebe.

~ Loslassen ~

Wenn Loslassen so einfach wäre,
dann hätte ich sicher mehr Übung darin.

Ich lasse die Zukunft los

Ich lasse die Zukunft los, jeden Gedanken daran riesengroß.
Ich scheiß‘ auf den aberwitzigen Plan,
dass man diese vorausschauend, risikolos gestalten kann.
Ich lasse die Zukunft einfach geschehen,
werde dabei fest mit beiden Beinen im Hier und Jetzt vorwärts gehen.
Ich nehme einfach nur noch prompt
alles so, wie es gerade eben so kommt.
Ich lasse der Zukunft Raum sich zu entfalten,
ohne zu versäumen, meine Gegenwart bestmöglich, glücklich zu gestalten.
Ich genieße das Leben intensiver fortan
und nehme Herausforderungen erst dann als solche an,
wenn sie sich tatsächlich manifestieren,
werde mich nicht länger in düst'ren Gedanken verlieren.
Ich lasse die Zukunft los,
jeden Gedanken daran riesengroß.
Ich scheiß‘ auf den aberwitzigen Plan,
dass man diese vorausschauend, risikolos gestalten kann.

Ausnahmsweise gedankenlos

Ich denke zur Abwechslung einfach mal über ganz und gar nichts nach.
Viel zu selten liegen meine Gehirnzellen tatsächlich brach.
So übervoll, reizüberflutet ist meine Welt,
dass sich für mich praktisch nie einmal gedankenlose Langeweile einstellt.
Doch wie bei jedem Akku, bei jeder Batterie
zwingt ein Dauerbetrieb auch meine Gehirnzellen irgendwann in die Knie.
Nachdem ich dies für mich habe erkannt,
nach einiger Suche meinen persönlichen Pause-Knopf auch fand,
habe ich beschlossen, mir gedankenfreie Zeiten ab und an zu gönnen,
damit mein Leib und meine Seele endlich wieder mal aufladen können.
Am Anfang fiel mir das Nicht - Denken ziemlich schwer,
doch mittlerweile genieße ich diese Auszeiten sehr.
Dadurch habe ich für mich wiederentdeckt,
wieviel Kreativität und Energie eigentlich in mir steckt,
die ansonsten für unsinnige Gedanken wird verbraucht
und erkannt, wieviel an Lebenskraft der Alltag mir damit eigentlich raubt.

Ich lasse los

Ich lasse los, wie oft habe ich mir das vorgenommen
und doch ist es nie so weit gekommen.
Doch heute stehe ich alleine am Strand und blicke auf's Meer
und meine Gedanken sind teilweise fröhlich, glückselig, teilweise trübe und schwer.
Ich frage mich, was fang' ich nur an,
dass ich in meinem Leben daran etwas ändern und wirklich mal alles loslassen kann.
Da fällt mein Blick auf den bunten Ballon in meiner Hand,
den ich eben an einen Strandkorb angebunden fand.
Ich habe ihn einfach so mitgenommen,
als hätte ich ihn von einem Ballontierchen-Dreher selbst geschenkt bekommen.
Warum ich das tat, weiß ich nicht genau,
eigentlich bin ich nicht kindlich, sondern eine gestandene Frau.
Doch der Ballon, der sich festgezurrt nur wiegte im Wind,
er erschien mir so unfrei zu sein, wie wir Menschen es selbst auch so oft sind.
Darum habe ich ihn ganz einfach befreit
und den Diebstahl nicht eine Sekunde bereut.
Ich wollte ihn loslassen, ihn fliegen seh'n,
ganz so, als ob damit auch meine ganzen Gefühle
könnten mit ihm von dannen zieh'n.
Ein Regenschauer, der plötzlich begann,
hinderte mich vorhin noch daran.
Und während ich die Tropfen so habe betracht',
hab' ich mir über mich und mein Leben so meine Gedanken gemacht.
Manche davon sind dunkel und grau,
rühren von meinen eigenen Ansprüchen her, das weiß ich genau.
Aber andere sind auch voll Wärme, Vertrauen, Liebe und Licht,
getragen von meinen Liebsten, meinem Glauben, meiner inneren Zuversicht.
Nur zusammen ergeben sie ein rundes Bild von mir und ich erkenne plötzlich,
dass ich aus gutem Grund bin gerade hier.

Der Ballon in meiner Hand,
der sich mit Sicherheit nicht zufällig zufällig fand,
meine Gedanken und die Regenfront,
sie weisen mir auf den Weg ganz gekonnt,
dass es nicht nur um düstere,
sondern auch schöne Dinge und Emotionen geht,
ohne deren Loslassen in die Welt sich diese viel kälter
und herzloser auf Dauer nur dreht.
Darum zücke ich einen „Edding“ aus meiner Tasche,
was auch immer er darin eigentlich mache
und zeichne mit diesem dicken, schwarzen Stift
vorne und hinten auf den Ballon ein Gesicht.
Das eine ist fröhlich, lacht und strahlt über beide Ohren,
das andere ist tieftraurig, hat jeden Sinn am Leben verloren.
Am oberen Ende schreib' ich als Haar,
dass eine Weltreise in die Herzen der Menschen
das Ballonziel beim Loslassen war.
Am unteren Ende steht dagegen allein,
dass Loslassen geht eigentlich immer, man muss es nur wollen und tatkräftig sein.
Und dann lasse ich dich los, ist gar nichts dabei, mit den Worten:
„Sei frei und flieg' in die Welt ganz weit,
zur Verbreitung aller ehrlichen guten und schlechten Gedanken und Gefühle sei bereit
und beflüg'le den, der dich findet, dass er sich und dich nie wieder anbindet,
sondern eure Leben befreit einfach so zu sein und zu werden,
wie Gott es für euch vorgeseh'n hat auf Erden.
Lebt, liebt, lacht, weint, lasst euren Emotionen, Gedanken,
Sorgen, Träumen einfach Raum
und es wird enden der ewige „ich-müsste-mal-loslassen-lernen“-Alptraum.“
Ich habe dich losgelassen, lasse dich zieh'n
und finde es einfach nur wunderschön, dich fliegen zu seh'n.

Heute

Heute lebe ich in den Tag hinein.
Die Sonne in meinem Herzen könnte nicht strahlender sein.
Ich denke nicht nach, plane nicht.
Ich genieße einfach den Windhauch in meinem Gesicht.
Ich gestatte dem Schicksal nicht, dass es mich bricht.

~ Zuversicht ~

Durch jedes Dickicht des Lebens bahnt sich irgendwann, irgendwo, das zarte Licht der Zuversicht.

Die Bibliothek des Lebens

In der Bibliothek des Lebens stehen verschiedene Bücher,
wie mein und dein Leben kann oder könnte anders von statten gehen.
Immer wenn ich davon nahm ein anderes in die Hand,
ich einen anderen als den von mir eingeschlagenen Weg vorfand.
Da waren Geschichten von Königen, Kriegern, Künstlern und Bettlern dabei,
in manchen war ich reich, arm, alt, jung, mal mehr, mal weniger frei,
das zu tun, was ich mir vom Leben hatte erträumt.
Doch letztendlich habe ich jeden einzelnen Band wieder eingeräumt
in das Regal, auf dem er stand,
egal, wie gut oder schlecht ich seinen Inhalt auch fand.
Danach nahm ich mich stets der Kladde wieder an,
in der man genau die Geschichte meines Lebens lesen kann,
die ich handschriftlich festgehalten habe bisher.
Und auch die gibt Platz zum Träumen und Schwärmen und Nachdenken her.
Denn das, was tatsächlich ist, das ist mir viel näher als irgendeine tolle Fiktion.
Sicher wäre ich irgendwie neugierig schon,
was könnte sein oder wäre gewesen,
wäre ich nicht ich, sondern eines der Wesen,
die in einem der Bücher wurden beschrieben.
Doch letztlich bin ich doch sowieso ich selber geblieben.
Darum erspare ich mir solche Gedanken für mich
und mag einfach mein Leben und die Geschichte meines realen Ich´.

Ich brauche

Ich brauche … wenig wirklich zum Leben.
Ich brauche … Zeit, um mir selbst Raum zu geben.
Ich brauche …. materielle Dinge dagegen kaum.
Ich brauche …. aber einen geschützten eigenen Raum.
Ich brauche … Freiheit, Dinge zu tun und zu lassen.
Ich brauche … Güte und Verständnis, um zu verzeihen, statt zu hassen.
Ich brauche … manchmal eine Hand, die mich führt, eine Schulter,
um mich anzulehnen.
Ich brauche … Träume, um mich nach Erstrebenswertem zu sehnen.
Ich brauche …. Nahrung und Wasser, wenn wenig sonst übrig mir bliebe.
Ich brauche … ansonsten nur eines im Überfluss und das ist Liebe.

Hoffnung

Hoffnung
Hoffnungsschimmer Licht
Leben Freude Zuversicht
Sonnenstrahl der Wolkendecke durchbricht
Nicht

Vernicht‘
Jüngstes Gericht
Armer kleiner Wicht
Am Tunnelende kein Licht
Aussicht

Zerbricht
Glaube nicht
Leben Freude Zuversicht
Sonnenstrahl erhellt das Gesicht
Hoffnung

Mehr Hoffnung

Warum muss ich dies und das, das ist ganz oft die Frage.
Die Antwort gibt das Leben, egal, was ich auch sage.
Die Zwänge des Lebens sind vielfältig und bunt,
entsprechend den Plänen, die Gott uns tut kund.
Die Kunst ist, stets für sich die Dinge anzugehen,
die uns frei zu wählen offenstehen.
Alles andere heißt es anzunehmen, zu akzeptieren
und dabei niemals die Hoffnung und den Mut zu verlieren.

WENN ICH KÖNNTE, WIE ICH WOLLTE

Wenn ich könnte, wie ich wollte,
ließ ich alles, was ich sollte,
was ich müsste, was mich zwingt.
Ich wäre frei so wie ein Kind,
würde nur noch Sachen machen,
die mich freuen und zum Lachen
bringen würden Tag für Tag.
Doch wer hindert mich, das zu tuen, was ich mag?
Ich bin mein Verhinderer alleine,
weil ich mir nur genug erscheine,
wenn ich Erwartungen genüge,
an denen jeder sehr schwer trüge.
Ich hasse mich dafür manchmal –
vergess‘ ich doch, ich hab‘ die Wahl,
selbst einfach nur ich selbst zu sein.
Kein and’rer macht mich besser klein,
als ich das mit mir selber kann.
Darum fang‘ neu ich nochmal an
und mach‘ nur noch, was mir gefällt –
egal, was denkt der Rest der Welt.

Schönheit der Nacht

Dunkelheit liegt vor mir,
ich verliere mich in ihr.
Die Nacht umhüllt alles mit ihrem tiefschwarzen Kleid.
Darunter erscheinen alle Sorgen unendlich weit
entfernt zu sein,
vielleicht sogar auch verschwunden.
Die Finsternis hat sich wie eine feste Efeuranke um alles gewunden,
was zu zerfallen droht, Tag für Tag,
was ich nicht bewältigen kann oder nicht immer wieder betrachten mag.
So fest geschnürt ist alles mit dem Dunklen der Nacht,
dass die Welt auf mich für einen Moment einen friedlichen Eindruck fast macht.
Kein Lärm zerschneidet die Ruhe, die von ihr ausgeht,
kein Mensch oder Tier um mich herum kreucht, fleucht oder steht.
Keiner fragt mich, will irgendwas von mir haben,
um mich herum sind weder Antworten, noch Fragen.
Es gibt nur mich und die Schönheit des Augenblick',
keinen Blick nach vorne oder zurück.
Keine Angst, kein Bangen,
keine Hoffnung oder unerfülltes Verlangen.

Kein gestern, kein heute, kein morgen,
keine Ängste, keine Erwartungen, keine Sorgen.
Die Sterne sind die Träume der Menschen von nah und weit.
Der Mond genießt seine nächtliche Zeit,
in der er die Gedanken und Sehnsüchte der Menschen so an sich vorüberziehen
und manchmal auch in Erfüllung gehen kann seh'n.
So friedlich und schön ist die Dunkelheit,
dass um mich herum ruhen Raum und Zeit.
Ich gestatte mir, die friedliche Stille in mir aufzusaugen,
ziehe aus ihr Kraft, Hoffnung und den Glauben
an einen neuen Morgen, einen glücklichen Neuanfang
und dass unser irdisches Leben nicht alles sein kann.
Denn der, der sich die Schönheit der Nacht
dereinst hat einfallen lassen, erdacht,
der wird über uns wachen ein Leben lang,
so sicher wie auf jede Nacht folgt am Morgen ein neuer Sonnenaufgang.

Gestern, heute, morgen

Gestern, heute, morgen, überall und nirgendwo.
Ich und Du, wir gehen zusammen alleine.
Wohin führt der Weg?
Er führt nach oben, unten, links und rechts.
Anfang und Ende liegen in Gottes Hand.
Gestern, heute, morgen, überall und nirgendwo.
Ich und Du, wir gehen zusammen alleine.

Menschen

Suchen finden gefunden werden Glückseligkeit
Begegnungen Gemeinsamkeiten Auszeiten Liebe
Sehnsüchte Hoffnungen Pläne
Wünsche Träume
Menschen
Ängste Sorgen
Gestern Heute Morgen
Gier Selbstzweifel Hoffnungslosigkeit Not
Hassen Quälen Krieg Verzweiflung Tod

Perfekt

Perfekt
Typisch ich
Ich hasse Fehler
Nichts delegieren, selber machen
Kontrolle

Kontrolle
Über alles
Geplant, organisiert, umgesetzt
Fehlerlos, ohne großes Risiko
Perfekt

Perfekt
Von wegen
Hast du gedacht
Dann kommt das Leben
Pustekuchen

Pustekuchen
Nix Perfekt
Von wegen Kontrolle
Einschränkungen gegen eigene Ansprüche
Scheiße

Scheiße
Stärken, Schwächen
Habe ich beide
Ansprüche senken Einschränkungen hinnehmen
Schwierig

Schwierig
Aber machbar
Wär‘ doch gelacht
Glauben planen umsetzen fertig
Perfekt

Wie kann

Wie kann ich wissen, was du fühlst, wenn du vor mir eine Rolle spielst?
Wie kann ich dir nahe sein, wenn du verschließt das Herze dein?
Wie können wir uns unterstützen, wenn wir uns mit Masken schützen
vor einem Blick hinter die Kulissen, ohne den wir voneinander gar nichts wissen?
Wie können wir einander lieben, solange wir uns doch belügen?

~ Vertrauen ~

Vertrauen ist das Erwarten des Gegenteils dessen,
wonach es gerade aussieht.

Glaube
Hoffnung

Vertrauen

Vertrauen und Grauen sind schwer kompatibel,
denn Grauen bringt Kummer und Übel,
während wir das Gegenteil davon erbitten.
So sitzen wir im dicksten Schlamassel mitten
in dem einen großen Lebenskonflikt,
der Frage, ob uns Vertrauen trotzdem glückt.
Denn wäre es sicher, dass dieses etwas bringt,
trotz des anhaltenden Gegenwind',
dann wäre von vorneherein Vertrauen ganz leicht,
weil alleine dies zum Gelingen schon reicht'.

Trag in dir

Trag in dir … ein helles Licht,
dass die Schwärze deines tagtäglichen Daseins durchbricht.
Trag in dir … Würde und Ehre,
dass sich Anstand, Ehrlichkeit und Hilfsbereitschaft durch dich mehre.
Trag in dir … Freundschaft und Liebe,
die dir im Herzen bis in alle Ewigkeit bliebe.
Trag in dir … Glaube, Hoffnung, Zuversicht,
dass dein Leben ist endlich und zufällig nicht.
Trag in dir … Wärme, Stärke, ein tapferes Herz,
die stärker sind als jede Angst, jede Hoffnungslosigkeit, jeder Schmerz.
Trag in dir … Selbstachtung und Glaube an dich,
denn ohne das gelingt dir ein Leben in Zufriedenheit nicht.

Die Wetterlagen des Lebens

Fenster mit Aussicht
Regen trifft Sonnenstrahlen
RegenbogenSpiel

Oder

Wetterlage?
Wolkig heiter
Sonnenstrahlen Regenwolken Prognosefrage
Kurze Regenschauer ziehen weiter
RegenbogenFarbenSpielHimmelsleiter

RegenbogenFarbenSpielHimmelsleiter
Hoch Tief
Stetig wechselnde Wegbegleiter
Manches nach Plan verlief
OderGingMehrOderWenigerSchief

Einfach leicht kompliziert

Leben
So kompliziert
Und so leicht
Einfach ich selbst sein
Und auch ich selbst bleiben
Wenn das so einfach wäre
So viele fremde Einflüsse
Erwartungen Ansprüche Träume
Leicht schwer
Leben

~ Kraftquellen ~

*Wer oder was auch immer uns antreibt weiterzumachen,
ist unwichtig, solange es funktioniert.*

Bild: Mühlrad Wiedbachtal

Unerwartete Kraftquelle gefunden

Ich sehe einen fremden Menschen vor mir,
der zum ersten Male klopft an meine Tür.
Der sich sofort vom Herzen her vertraut anfühlt und gar nicht fremd,
eher wie ein Seelenverwandter, der mich schon ewig kennt.
Ich höre eine offene, ehrliche, warmherzige Stimme vor mir,
die sagt „Schön, dich zu treffen, ich vertraue dir".
Ich rieche den Duft von Wald, herbstlichem Laub und frischem Wind,
während der Fremde und ich auf einem Spaziergang gemeinsam sind.
Ich schmecke süßen, „federweißen" Rebensaft,
der hervorragend zu ein oder zwei frischen Flammkuchen passt.
Ich fühle Nähe zu einem anderen, den ich ins Herz geschlossen sofort,
als er geht nach einigen Tagen wieder von hier fort.
Ich denke an einen Freund, den ich kürzlich fand,
zufällig getroffen im SchreibMärchenland.
Ich habe auf diese Weise in wenigen Stunden
für mich eine unerwartete, neue Kraftquelle gefunden.

Lebenselixier

Lebenselixier
Eines reicht
Abgefüllt in Phiolen
Jederzeit griffbereit unerschöpflicher Vorrat
Liebe

Liebeselixier
Rein klar
durchsetzt mit Vertrauen
Mit Ehrlichkeit und Loyalität
Schatz

Lebensschatz
Zum Auftanken
Eine Art LiebesTankstelle
Ohne Zählwerk ohne Rechnung
Lebensglück

LEBENSELIXIERE

Liebe
Unendlich rein
Freundschaft
Bedingungslos ehrlich dauerhaft
Neugier
Kindlich anhaltend lebensfroh vorurteilsfrei
Macht
Korruptionslos menschenfreundlich zielorientiert sozial manipulationslos
Beruf
Berufen chancengleich neigungskonform erfüllend lukrativ
Abenteuerlust
Berauschend fordernd spannend unberechenbar
Sex
Hemmungslos ekstatisch frei
Geld
Übermäßig viel
Glaube

Lebenselixier Liebe

Heute – morgen – hier und da – jetzt und für immer.
Ich mache weiter – sonnenklar, nehme den Kampf auf immer.
Doch wieso gebe ich nie auf, was lässt mich weiterleben?
Egal, wie schief mein Lebenslauf, welche Hindernisse sich auch ergeben?
Deine Liebe ist mein Lebenselixier, mein Tun und Handeln rühren daher.
Heute – morgen – hier und da – jetzt und für immer.
Ich mache weiter – sonnenklar, nehme den Kampf auf immer.

Ich liebe dich

Ich liebe dich, darum bin ich der Mensch, der ich bin.
Gemeinsam schaffen wir alles, kriegen auch das Schwierigste hin.
Alles Übel ist zusammen durchgestanden viel weniger schlimm.
Ich liebe dich, darum bin ich der Mensch, der ich bin.
Hand in Hand suchen und finden wir des Lebens Sinn.
Du stehst an meiner Seite, ganz egal, wo ich bin.
Ich liebe dich, darum bin ich der Mensch, der ich bin.
Gemeinsam schaffen wir alles, kriegen auch das Schwierigste hin.

Agaporniden (Unzertrennliche)

~ Abschied ~

Was ich noch sagen wollte…

Servus, good-bye

Servus, good-bye, auf Wiederseh'n,
das Leben ist ein Kommen und Geh'n.
Wir treffen auf Menschen, Tiere, Dinge, die uns begleiten,
bei den unterschiedlichsten Gelegenheiten.
Die Wegstrecke, die wir gemeinsam dabei beschreiten,
teils in ruhigen, teils in stürmischen Zeiten,
ist manchmal länger als wir es hätten am Anfang gedacht,
andermal ist sie schneller als uns lieb ist wieder zu Ende gebracht.
Wir teilen auf unseren Reisen schöne und hässliche Dinge,
die das Leben mannigfaltig so mit sich bringe.
Die Erfahrungen, die wir im Leben teilen,
oftmals auf ewig in unseren Herzen verweilen
und trifft man später erneut aufeinander, vielleicht
die frühere Verbundenheit für ein Anknüpfen am Abschiedspunkt nahtlos reicht.
Doch manchmal sitzen schmerzliche Erinnerungen auch so tief,
dass jede erneute Begegnung muss zwangsläufig gehen schief.
Wenn wir uns treffen, kennt keiner die Strecke, das Ziel,
ob und wer wem oder was auf dieser zum Opfer von was auch immer fiel.

Wir investieren mehr oder weniger viel Gefühl,
agieren im Umgang miteinander mit mehr oder weniger großem Kalkül,
erhoffen uns etwas voneinander oder auch nicht,
tragen mehr oder weniger viele Masken vor uns'rem Gesicht.
Wir investieren mehr oder weniger viel Zeit und Energie,
kennen den Erfolg für diesen Einsatz vorher praktisch nie.
Zufälle haben uns zusammengebracht,
zu Liebenden, Freunden, Feinden oder Verbündeten vielleicht gemacht.
Manchmal fehlt uns bei unseren Begegnungen jegliche Emotion,
mal treffen wir diplomatisch, mal undiplomatisch den richtigen
oder völlig unpassenden Ton.
Entsprechend konfliktreich kann sich unser Weg dadurch gestalten,
bei dem wir uns mit mehr oder weniger viel Liebe oder Hass aufeinander aufhalten.
In jedem Falle steht bei jedem Aufeinandertreffen fest von Anfang an,
dass dieses nur in einem, dem Abschied nehmen, irgendwann, enden kann.
Das kann schnell dazu verleiten,
zu verfluchen das Schicksal oder den Ablauf der Zeiten.
Besser aber ist, darin immer neue Chancen
auf Bereicherungen des eigenen Lebens zu sehen
und diese zu genießen, denn sie machen das Leben kostbar, aufregend und schön.
Servus, good-bye, auf Wiederseh'n,
das Leben ist ein Kommen und Geh'n.

Abschied

Abschiedsrede
Geschwollene Worte
Herz Schmerz Traurigkeit
Betroffenheit Erleichterung Trennungsschmerz Freude
Unterschiedlich

Abschiedsszene
Dramatisch unspektakulär
Öffentlich oder privat
Paare Eltern Kinder Fremde
Unterschiedlich

Abschiedstränen
Echte falsche
KrokodilsTränen KullerTränen TränenBäche
Auf Kommando oder spontan
Unterschiedlich

Abschiede
Kurze lange
Dauerhaft oder begrenzt
Menschen Tiere Leben Zeit
Unterschiedlich

Kommen und gehen

Kommen und gehen
am Rand des Abgrunds stehen
Tod Wiedersehen

DANKESCHÖN

Mein besonderes Dankeschön gilt meiner Familie, meinem Mann und meinen zwei Kindern, die mich immer unterstützen, nie aufhören an mich zu glauben und die trotz Parkinson immer da sind und hinter mir stehen, egal, wie schwierig es gerade ist. Ich liebe euch über alles und bin wahnsinnig stolz auf euch. Danke, dass es euch in meinem Leben gibt.

Danke auch meinen Eltern, die mir viele Wege im Leben geebnet haben und ohne die ich heute nicht da wäre, wo ich bin. Ich hab‘ euch lieb.

Dankeschön auch an dich, Lille, dass ich immer auf dich zählen kann.

Großes Dankeschön an Denise, ohne deren Unterstützung viele Zeilen unvollendet oder fehlerbehaftet geblieben wären. Ich bin froh, dass es dich gibt.

Ganz lieben Dank an Bernd H., ohne dessen Fotos dieses Buch so nicht entstanden wäre. Es ist toll, eine solche Unterstützung zu erfahren.

Ebenfalls herzlichen Dank an all die anderen wundervollen Menschen, die immer wieder meine Texte (nicht nur im Internet) durch ihre wunderbaren Fotos bereichern. Das ist ein besonderes Geschenk.

Großes Dankeschön an Stefanie und Tascha, auf die ich immer zählen kann. Ihr seid für mich der Beweis, dass es Engel auf Erden gibt.

Ein weiteres Dankeschön geht an Willi, Ria und Stefan – ihr seid großartig und lebendig gewordene Selbsthilfe; an Susanne – ohne dich, deine Ratschläge, deine Unterstützung und deine Schreibzeiten gäbe es dieses Buch und viele neue Ideen in meinem Kopf nicht; sowie Uwe, du hast mit deinen klugen Worten einen entscheidenden Anstoß dafür gegeben, dass ich mich mit meinen Texten tatsächlich in die Öffentlichkeit wage.

Allen anderen, die mich mit ihrer Freundschaft, Geduld und Nähe, ihrem Verständnis und Ihrem Raten oder einfach damit, dass sie immer da sind, wenn man sie braucht, unterstützen, sage ich außerdem von Herzen „Dankeschön“. Ihr wisst, wen von euch ich meine.

Schließlich gebührt derjenigen mein besonderer Dank, die dieses ganze Buchprojekt mit ihrem Verlag überhaupt erst ermöglicht hat – liebe Katharina, schön, dich an meiner Seite zu wissen.

Ein abschließender Dank an Lohmann LTS, Andernach, für die Möglichkeit, das Foto, gemacht von Arthur Link, zu verwenden.

Eure Anja

Hier einige hilfreiche Selbsthilfe-Links, speziell zum Thema Parkinson und anderen chronischen Erkrankungen:

www.parkinson-vereinigung.de
www.jupa-dpv.de
und
www.mutmachseiten.de